EMPIRE

ou

RÉPUBLIQUE

GUSTAVE PUTOD

EMPIRE

OU

RÉPUBLIQUE

Tout pour le peuple et par le peuple.
15 août 1873.)

NAPOLÉON.

PARIS

LACHAUD ET BURDIN, ÉDITEURS

4, PLACE DU THÉATRE-FRANÇAIS, 4

1873

EMPIRE

ou

RÉPUBLIQUE

———◦◦◦⟩✕⟨◦◦◦———

Le provisoire tue la France ! Tel est le cri des partis qui, fusionnés ou non, redoutent l'appel au peuple et croient pouvoir refaire la vieille monarchie au moyen d'une majorité parlementaire !

Évidemment tout le monde désire voir la France sortir du provisoire, mais à la condition que le gouvernement sera réellement définitif.

La première condition de durée pour un gouvernement est, en tout temps, d'être accepté par le pays ; mais n'est-ce pas surtout dans des temps troublés comme les nôtres, n'est-ce pas lorsque les partis se disputent le pouvoir, au risque de déchirer la patrie, qu'il faut à un gouvernement la plus large base d'autorité et la consécration la plus incontestable ?

Peut-on penser que la France, qui a si lentement et si péniblement conquis le droit de disposer d'elle-même, acceptera un gouvernement qu'elle n'aura pas nommé ?

Depuis un quart de siècle, la France est en possession du suffrage universel, et le suffrage universel est la base du droit politique et social moderne.

Vouloir imposer à la France un gouvernement, sans la consulter, c'est vouloir entretenir chez elle l'esprit de discorde et de parti, quand l'union lui est plus nécessaire que jamais ; c'est vouloir reconstituer, au profit d'une minorité, un passé à jamais détruit. La vieille monarchie a eu une longue histoire mêlée de gloire et de revers ; elle a été la France elle-même ; mais ce sont ses fautes et ses dédains des intérêts et des besoins nationaux qui ont provoqué la Révolution de 1789 : vouloir la restaurer aujourd'hui, c'est méconnaître tout un siècle d'histoire.

De la fin du règne de Louis XIV date la défaillance de la monarchie. — La régence du duc d'Orléans ne laisse que des souvenirs de corruption, d'immoralité et d'agiotage éhonté. — Louis XV, le successeur du grand roi, ne fait que des guerres désastreuses, scandalise l'honneur et la morale, ruine l'État, perd les colonies françaises et lègue à Louis XVI la France obérée, des caisses vides et le pays imbu des théories des philosophes et des encyclopédistes. La vieille royauté n'avait considéré la France que comme son vaste apanage ; elle avait méconnu tous ses devoirs envers le peuple, qui devait et voulait vivre de sa vie nationale, et les griefs légitimes éclatent. Louis XVI, roi honnête, mais personnellement insuffisant, ne peut ni arrêter ni organiser la Révolution : il succombe en martyr, moins victime encore de la fureur populaire que des fautes de ses prédécesseurs !

A partir de cette époque, la rupture est complète entre la nation et la vieille royauté, et le drapeau tricolore devient le drapeau de la France moderne. On ne peut que déplorer les excès et les crimes de la Révolution à ses débuts ; mais les principes qu'elle proclame sont la base du droit moderne : ils ont déjà près d'un siècle de consécration et la France ne les abandonnera pas.

A l'hérédité succède l'élection. Le principe traditionnel n'est plus rien : c'est l'homme qui est tout, et la démocratie acclame le jeune général qui a couvert de gloire son drapeau, qui a séparé le bon du mauvais ; qui, consul, puis empereur, a organisé la société nouvelle, telle qu'elle vit et fonctionne encore de nos jours

A la suite de nos revers, la Restauration a,
il est vrai, régné sur la France, mais ce n'est
plus la France de la vieille monarchie, la France
des Bourbons; c'est la France républicaine et
napoléonienne. Louis XVIII dut octroyer une
charte, et quand il dit de son gouvernement :
« Cela durera autant que nous, » c'est qu'il
comprenait la fragilité de l'édifice. La Restauration n'a laissé, comme trace de son passage,
aucun progrès qui procédât directement de son
antique principe; son origine, au contraire, et
ses tendances aristocratiques et cléricales l'ont
perdue, sans faire reculer la démocratie.

La révolution de 1830 n'est qu'une nouvelle
et violente rupture avec la dynastie que la France
n'avait pas rappelée. Louis-Philippe, élu roi par
219 députés, oublie et méconnaît son origine
démocratique : au lieu d'aider et de régler le
mouvement, il y résiste et tombe pour avoir
refusé la réforme électorale, réforme qui doit
être jugée aujourd'hui bien modeste, puisqu'il
ne s'agissait alors que de l'adjonction des capa-
cités.

Nous voici en 1848, en présence du suffrage universel, c'est-à-dire de l'appel au peuple, que réclamait alors le plus ancien organe de la légitimité, la *Gazette de France*. — La nation va-t-elle reconnaître qu'elle a fait fausse route et renier la gloire de la République et de l'Empire?

·· · Les malheurs de 1814 et de 1815 vont-ils lui faire condamner les améliorations et les progrès acquis depuis 1789? — Le suffrage universel va-t-il revenir au principe de la légitimité? — Non. Le peuple, en 1848, rejette le drapeau rouge, ne songe même pas au drapeau blanc, et garde patriotiquement le drapeau tricolore, emblème des gloires et des malheurs de la France moderne. Par trois plébiscites il acclame l'Empire, qui personnifie, pour lui, le progrès, l'ordre et l'honneur national.

Qui peut contester la persistance de la nation à conserver et à continuer l'œuvre de 1789? La France, après avoir fondé la liberté aux États-Unis, a pris en Europe l'initiative du progrès et de la civilisation modernes. Quels sacrifices et

quels flots de sang ce rôle ne lui a-t-il pas coûtés!
Dans les crises aiguës, elle a eu ses moments
de folie et de délire ; mais son rôle glorieux est
l'enfantement de la société nouvelle. Ses malheurs et ses déchirements n'ont ni diminué sa
richesse, ni ralenti ses progrès dans les sciences
et dans les arts, et son honneur est intact ! Le
dix-neuvième siècle ne s'écoulera pas sans que
sa mission soit accomplie.

A la vieille France monarchique succède une
France démocratique : pourquoi ne pas l'accepter ?

Sans tomber dans l'utopie, ne peut-on admettre, comme base de l'état social, l'égalité des
droits, en lui donnant, comme contrepoids, l'égalité des devoirs ? L'égalité n'est-elle pas dans les
vues de la Providence ? et Dieu n'a-t-il pas pour
tous une égale justice ? A chacun selon ses
œuvres ! La démocratie appelle également tous
les citoyens à l'œuvre sociale ; elle donne à cha-

cun la responsabilité de soi-même, stimule l'initiative individuelle et fait dépendre le bonheur de tous de l'intelligence, du travail, de la probité et du concours de chacun : elle est la réalisation de l'idée chrétienne !

La démocratie est le progrès et non le recul. Depuis le grand siècle de Louis XIV et la pléïade de génies qui l'ont illustré, quelle période a plus produit dans les arts, les lettres, les sciences, la philosophie, le commerce et l'industrie que cette période dite révolutionnaire ? Les plus grandes inventions datent de cette époque : de cette époque date le progrès des lumières et du bien-être ! La démocratie n'est pas le renversement de la société : elle est la société elle-même, transformée et améliorée dans le sens de la dignité humaine ; elle est la société avec le droit et le devoir de tous pour base et pour levier.

Elle n'a changé aucune des bases éternelles de toutes les sociétés. Elle s'appuie sur la foi religieuse, la famille et la propriété. De la famille, elle a supprimé le droit d'aînesse, et elle a deux objectifs qu'elle ne perd jamais de vue : l'honneur de la patrie et la souveraineté nationale. Elle a fait elle-même ses destinées, sans le concours de la vieille monarchie, et malgré cette monarchie. Elle a inauguré le droit moderne et constitué une société, qui est loin encore d'avoir dit son dernier mot, mais qui est déjà infiniment plus juste et plus chrétienne que l'ancienne société.

C'est donc en vue de conserver les avantages acquis et de continuer le progrès social que doit être choisi le gouvernement définitif, et ce gouvernement ne peut résulter que du suffrage universel.

Tout gouvernement qui n'émanera que d'une assemblée sera forcément faible, précaire et transitoire, parce qu'il ne représentera qu'une majorité parlementaire, qui peut se modifier, et que, ce qu'une assemblée a fait, une assemblée peut le défaire.

Le suffrage universel ne se trompera pas. Il sait que les conquêtes de la démocratie ne peuvent se consolider que par l'ordre, et que la réaction ne peut être combattue que par un gouvernement national; il se rappellera son origine et son but.

On parle beaucoup, aujourd'hui, dans certaines régions, d'un retour au vieux principe de la légitimité; mais nous ne comprenons pas comment on peut concilier la royauté traditionnelle et le droit national, le droit divin et le suffrage universel.

La reconnaissance du comte de Chambord par le comte de Paris supprime, il est vrai, les prétentions de la maison d'Orléans; mais rend-elle plus possible le rétablissement de la légitimité?

Nous ne le pensons pas.

Le comte de Chambord représente un principe absolu, celui du droit divin, de la légitimité. Il n'a pas à devenir roi de France, il l'est par la grâce de Dieu, et sa religion — la religion d'État — est la religion catholique, apostolique et romaine. Si des circonstances politiques l'empêchent d'occuper son trône et de régner sur la France, cela ne change rien à son droit, on peut dire au dogme qu'il représente, et il garde pieusement son drapeau—le drapeau blanc—et les fleurs de lys de ses ancêtres. Il a un parti honorable et chevaleresque de loyaux Français qui conservent leur foi dans le principe absolu et croient le bonheur de la France intimement lié à la légitimité : ce sont les intransigeants du trône et de l'autel.

Qu'il faille remonter au xviie siècle pour retrouver les derniers services nationaux du drapeau blanc et de la légitimité, cela n'a plus à nous occuper ici, et n'infirme en rien la légitimité et le droit divin dans la personne du comte de Chambord, Henri V par la grâce de Dieu. Il n'est que juste, en plus, de reconnaître que le caractère du comte de Chambord est digne et noble de tout point, et que ce qui honore le plus le dernier descendant des races royales, c'est la foi inébranlable avec laquelle il maintient l'inviolabilité de son principe.

L'orléanisme (et encore ne remontons-nous qu'à 1830 !) est la négation et le renversement du principe antérieur et supérieur représenté par le comte de Chambord. La révolution de Juillet chasse la royauté, la pairie héréditaire et l'aristocratie politique, supprime la religion d'État et abaisse le cens : c'est un pas fait vers la souveraineté nationale ; mais un pas insuffisant, puisqu'il n'admet à la vie politique que la bourgeoisie, c'est-à-dire la classe moyenne. — Ce n'est pas encore la démocratie, c'est-à-dire le gouvernement de tous, mais ce n'est plus l'aristocratie ; c'est la ploutocratie transitoire, c'est le cens diminué, il est vrai, mais c'est toujours le cens, c'est-à-dire, le privilége. — Le drapeau tricolore qui fait accepter le roi Louis-Philippe n'est plus le drapeau royal, c'est le drapeau national, illustré par la République et l'Empire.

— Louis-Philippe porte encore le titre de roi, mais ce n'est plus le roi de France ; c'est le roi des Français, c'est le roi-citoyen, et. Lafayette, le héros de la liberté des deux mondes, ne fait accepter cette royauté bourgeoise qu'en la proclamant la meilleure des républiques.

L'orléanisme et la royauté de 1830 comprirent-ils mieux que la Restauration le mouvement national qui s'opérait? Nous n'avons pas à l'examiner ici : nous n'envisageons l'orléanisme qu'au point de vue de ce qu'il représente aujourd'hui : issu d'une révolution démocratique, il succombe devant une révolution plus démocratique encore. En 1848, le cens bourgeois est remplacé par le suffrage universel : l'orléanisme n'a donc été que la transition du droit divin au droit national. Pour réapparaître, l'orléanisme aura à faire un pas en arrière, ou un pas en avant : un pas en arrière est le désaveu et le suicide; quant au pas en avant, il n'est plus à faire depuis l'avénement du suffrage universel.

Les Princes de la maison d'Orléans ont autrefois passé pour avoir des sympathies politiques différentes. Tandis que le duc d'Orléans représentait l'hérédité dans la monarchie de 1830, à tort ou à raison, on attribuait au duc de Nemours des idées légitimistes et au prince de Joinville des idées républicaines : cette diversité d'opinions n'affligeait pas le roi Louis-Philippe, qui prévoyait, sans doute, les crises que le pays avait à traverser : il l'appelait *l'idonéité* ou l'aptitude de sa famille à gouverner la France ; mais le rôle de Dauphin, s'il est accepté par le comte de Paris (et par le comte de Chambord !) est certes l'idonéité que devait le moins prévoir le roi Louis-Philippe.

Tout ce qu'on sait, jusqu'à ce jour, des entrevues de Frohsdorff et de Vienne, c'est que le comte de Paris a reconnu le comte de Chambord comme le seul représentant du principe monarchique en France. Le comte de Chambord, officiellement, n'a fait aucune réponse politique, pris aucun engagement ni donné aucune espérance. Nous pouvons donc admettre le pardon et l'oubli du comte de Chambord et la réconciliation personnelle des deux princes; mais rien au delà.

Y eût-il d'ailleurs accord parfait entre le comte de Chambord et le comte de Paris, peut-on admettre un instant que le même accord s'établirait virtuellement entre les partisans de la légitimité et ceux de l'orléanisme?

Le parti légitimiste représente un principe absolu, qui ne peut se laisser entamer sans cesser d'être, et, quelque libéral qu'il puisse être, sa doctrine est la soumission de la France au roi. De même le roi de ce principe absolu ne peut admettre aucune condition. Quels que soient son libéralisme et ses intentions pour l'avenir, il ne peut remonter sur son trône au prix d'une transaction. Il ne peut reconquérir sa couronne, comme Henri IV; il faut donc que la France l'appelle, et une fois appelé, le roi de droit divin ne peut qu'octroyer une charte, si tel est son bon plaisir. En dehors de ces conditions, il ne reviendrait plus en vertu du principe de légitimité : il serait un souverain élu et n'aurait qu'un pouvoir délégué, il ne serait plus roi par la grâce de Dieu. — Ce n'est pas là ce que peut vouloir le parti légitimiste pur, qui voit précisément le salut de la France dans le retour au principe. Ajoutons que les paroles, les actes et les écrits du comte de Chambord sont conformes à son principe, au principe que défend son véritable parti.

Le parti orléaniste, parti de transition, et plus disposé, par cela même, aux transactions et aux compromis, n'est plus ce qu'il a pu être. Depuis 1848, la bourgeoisie, grande et petite, s'est fondue dans le parti républicain et dans le parti impérialiste. Les légitimistes purs, même avec le concours des quelques orléanistes convertis au drapeau blanc, ne forment donc qu'une minorité dans le pays.

Peut-on supposer que le peuple français, qui s'est montré si logique dans sa marche, depuis 1789, se déjugerait aujourd'hui et voudrait consacrer par ses votes la réaction aristocratique et cléricale qui serait la conséquence forcée du retour à la légitimité? Peut-on croire que la France, consultée, consentirait à reculer d'un siècle?

Toutes les dynasties et tous les conquérants ont prétendu tenir leur mandat de Dieu : Attila s'attribuait lui-même une mission divine. Mais n'est-ce pas l'élection populaire qui a consacré le premier Capétien? L'histoire des Capétiens ne donne-t-elle pas de nombreux et violents démentis à l'hérédité, c'est-à-dire au droit divin, et, sous leur race, la France n'a-t-elle pas été plusieurs fois à deux doigts de sa perte?

La maison de Bourbon invoque aujourd'hui, dans la France catholique, le droit divin! Son chef ne fut-il pas huguenot avant de s'être converti par politique?

La maison de Bourbon referait-elle aujourd'hui la carte de France, et pense-t-on que l'Allemagne, qui ne songe qu'à étendre son empire, nous rendra nos provinces perdues pour saluer la restauration du comte de Chambord ?

Et si ces provinces doivent être reconquises, le drapeau tricolore ne vaut-il pas le drapeau blanc ? La France vient d'être battue avec le drapeau tricolore : son honneur lui permet-il de le renier ?

Mais, dit-on, Henri V accepterait le drapeau tricolore ! Si Henri V doit revenir en vertu de son principe, il ne peut pas plus accepter le drapeau tricolore que le suffrage universel.

Et si le drapeau tricolore doit rester l'emblême national, n'est-il pas étrange de vouloir précisément le mettre aux mains de la dynastie que ce drapeau a trois fois chassée ?

Plusieurs journaux ont traité de puérile et presque de ridicule cette question du drapeau : pourvu que la monarchie soit restaurée, peu

leur importe que le drapeau soit blanc ou tricolore ! Si la question n'était pas vitale pour la
monarchie, elle eût été résolue depuis longtemps :
si la couleur du drapeau n'a pas d'importance,
pourquoi le drapeau rouge fait-il horreur?

Non le drapeau n'est pas un vain symbole.
C'est un emblême sacré qui personnifie telle
idée, tel système, telle époque.

Le drapeau rouge est le drapeau de la démagogie et du renversement social : le drapeau blanc
est celui d'un système monarchique avec lequel
la France a rompu depuis un siècle, et le drapeau tricolore est celui de la France moderne,
c'est celui de la démocratie. C'est lui qui ralliera
tous les Français dans une grande pensée nationale; c'est lui qui rappellera aux ennemis de la
France le grand compte à régler; c'est lui qu'ont
à venger nos armées nationales et qui assurera
le triomphe de la société moderne.

La France, si elle veut maintenir et continuer
le progrès social, qui lui a déjà coûté tant de sacrifices et tant de sang, n'a le choix qu'entre la

République et l'Empire, qui, sous la forme monarchique, n'est qu'une délégation nationale.

La République, pour les cœurs généreux, comme pour les philosophes et les théoriciens, est, certes, en principe, le gouvernement idéal ; elle est la forme sous laquelle le droit et le devoir seraient le plus équitablement répartis, puisque chaque citoyen aurait une part égale de pouvoir et de responsabilité ; mais cette République idéale demande un désintéressement et des vertus au-dessus de l'humanité. Si la République, par un système d'élections continuelles et de transmissions de pouvoir trop rapprochées, ne tenait constamment en éveil les passions de tous les partis, elle serait déjà établie en France d'une manière définitive. Malheureusement, la République n'est considérée, chez nous, que comme un terrain neutre dont chaque parti cherche à se rendre maître, et la passion ne songe au lendemain qu'avec l'idée de s'emparer du pouvoir ; la division et la lutte des partis empêchent toute politique suivie, soit à l'intérieur, soit vis-à-vis de l'étranger; elles font ajourner même l'étude des questions les plus importantes, elles nous déconsidèrent en nous affaiblissant.

La République, en 1848, a été solennellement et à plusieurs reprises proclamée, et elle n'a pu vivre! Cette fois, M. Thiers a déclaré que c'était temps perdu que de la proclamer : était-ce, de la part de M. Thiers, foi ou doute?

A cause des inconvénients inhérents, en France, à la forme républicaine, la République est-elle définitivement condamnée? — C'est au peuple à le décider; et si elle résultait d'un plé-biscite, ce serait, pour chaque citoyen, un devoir absolu de s'y rallier patriotiquement et de lui prêter un loyal concours, car tous les partis seraient condamnés par le verdict national, et la République représenterait réellement le pays.

Mais si la forme républicaine ne nous donne pas assez de cohésion et de force contre l'étranger; si elle ne nous garantit pas à la fois contre

la démagogie et contre la réaction ; si la démocratie, en un mot, n'est pas assez mûre pour
marcher seule et vivre en République, l'intérêt
de la société sera de revenir à la forme monarchique. La monarchie qu'elle rétablira alors ne
sera pas celle que le peuple a chassée pour avoir
méconnu sa vie et ses besoins nationaux ; ce
sera celle que le peuple a déjà plusieurs fois
acclamée, et dont le renversement n'a jamais été
sanctionné par ses votes. Dans ce cas, la nation
reviendra à l'Empire, qui procède du suffrage
universel et peut toujours le consulter par voie
plébiscitaire ; à l'Empire qui n'a été et ne peut
être que par la volonté nationale !

A défaut de la République, qui est la forme
idéale, l'Empire est la forme pratique de gouvernement moderne. Tout en présentant les
garanties de l'hérédité, il est une expression
constante de l'élection populaire, il est la délégation de l'autorité nationale.

On a représenté l'Empire comme un gouver-

nement coûteux : en compensation de l'accrois-
sement de nos budgets depuis le 4 Septembre,
quelles économies a-t-on réalisées sur les budgets de l'Empire? M. Thiers nous l'a dit à la
tribune ; on a économisé la liste civile et la dota-
tion du Sénat, soit : trente-cinq millions !

Ce qu'il faut qu'on n'oublie pas, sous peine
d'injustice, c'est cette prospérité et cette im-
mense production dont le monde entier est venu
admirer, à Paris, en 1867, le splendide spec-
tacle ; c'est cette richesse créée ou décuplée par
l'ordre, le travail et les traités de commerce,
richesse qui, après avoir payé nos dilapidations
et nos ruines intérieures, a permis d'acquitter
en si peu de temps, et sans ruiner la France,
cette effroyable rançon de cinq milliards !

L'histoire n'est pas encore faite sur les cau-
ses, les faits et les conséquences de la guerre
allemande. - Cette guerre, personne aujourd'hui
ne l'a voulue, et personne alors n'eût pardonné
au gouvernement de ne pas la faire : chacun la

prévoyait, elle était, depuis Sadowa, une nécessité nationale !

Dieu n'a pas condamné la France ! elle reprendra son rang ; elle n'a besoin que d'être unie, et notre drapeau tricolore reverra les gloires d'Austerlitz, de Sébastopol, de Magenta et de Solférino !

. . . .

. . . .

Mais le moment n'est pas venu !

L'Empire, pas plus que toute autre forme de gouvernement, ne doit résulter d'une surprise ou de la lassitude du pays !

La France sort d'une guerre effroyable : elle sort d'une guerre civile dont le succès, attendu par les Prussiens, eût été sa perte ; elle vient, grâce à sa richesse, mais au prix d'énormes sacrifices, d'acquitter une rançon de cinq milliards ; elle a dépensé ou perdu une somme au moins équivalente, et elle est encore en proie à des passions violentes, surexcitées dans des sens divers. Laissons-la se remettre et achever sa guérison ; laissons-lui le calme et le repos nécessaires ; laissons-la se recueillir et s'interroger ! Il ne faut pas que les partis, dans leur impatience, exploitent les inconvénients du provisoire.

Le provisoire actuel garantit tous les droits : il est donc préférable à une solution que le pays ne ratifierait pas et qui plongerait, à bref délai, la France dans une crise plus terrible que celles qu'elle a déjà traversées. Si, de nouveau, nous tombions dans les discordes civiles, qui en profiterait? l'étranger, qui arme toujours et guette la France comme une proie !

L'Assemblée nationale a fait, le 24 mai dernier, la besogne urgente ; elle a mis fin à une politique équivoque et vaincu le radicalisme. Dès que le pouvoir a été aux mains du maréchal de Mac-Mahon, tous les intérêts se sont rassurés et la confiance a reparu : c'est que la société se sentait protégée contre les intrigues des partis et contre les entreprises démagogiques ; c'est que la France se sentait rendue à elle-même ! et si la France a foi dans le maréchal de Mac-Mahon, ce n'est pas uniquement parce qu'il est un soldat, c'est parce que, au dedans comme au dehors, il personnifie l'honneur, non-seulement l'honneur militaire, mais l'honneur national.

Ayons confiance dans le patriotisme de l'Assemblée ! Restons unis et fermes dans les idées de conservation et de progrès, et si le maréchal de Mac-Mahon y consent par patriotisme, laissons entre ses mains loyales et glorieuses le dépôt de la patrie, jusqu'au jour où, par le suffrage universel, la France pourra se donner un gouvernement national et réellement définitif.

Paris-Imp. PAUL DUPONT, 41, rue Jean-Jacques-Rousseau. — 3795. — 10.73-